Das Projekt

Für ein Leben, das diesen Namen verdient

von A.Sfetcu und S.Sfetcu

Aus dem französischen übersetzt von A. Sfetcu

Vorwort	3
Das Problem	4
Vorstellung des Projekts	12
Das Projekt	14
Arbeitslosigkeit	16
Umweltverschmutzung	19
Ausführung	21
Beginnen wir mit einem Experiment	23
Vorteile	26

Vorwort

Nach einem kurzen Beispiel welches die heutige Lebenssituation vieler Menschen widerspiegelt stelle ich ein Projekt vor mit dem unsere aktuellen sozialen, politischen, wirtschaftlichen, ökologischen und religiösen Probleme abgeschafft werden könnten. Alles, was man braucht um es umzusetzen ist der Wille in einer gerechteren Gesellschaft leben zu wollen.

Das Problem

Ein schönes Haus mit einem Garten, ein Auto in gutem Zustand und ein Bankkonto, das nie überzogen ist. Das sind die Dinge, von denen ich Träume. Als Frau, Mutter und Arbeiterin denke ich nicht, dass es zu viel verlangt ist oder, dass diese Träume übertrieben sind. Leider kann ich nicht alle meine Träume verwirklichen und ich bin mir nicht sicher, ob ich sie jemals verwirklichen werde. Grund dafür sind die zahlreichen unvorhergesehenen Zwischenfälle und Situationen, die mich finanziell zurücksto.en. Dies ist nicht unbedingt der Unfähigkeit sein Konto richtig zu führen geschuldet, sondern vielmehr der beschränkten Höhe des Einkommens.

Mein Mann und ich sind seit vielen Jahren unbefristet angestellt. Wir sind einfache Angestellte ohne jegliche Qualifikation. Wir hatten aus verschiedenen Gründen nicht die Möglichkeit eine höhere Bildung zu erlangen. Wie die meisten Menschen haben wir einen einfachen Abschluss in unseren Händen und wir versuchen das beste daraus zu machen, aus dem was wir haben. Unser Gehalt übersteigt geringfügig den Mindestlohn in Frankreich und erlaubt uns keine großen Sprünge. Wir müssen

jeden Euro oft zweimal umdrehen und ständig unsere Konten im Blick halten, um Ärger mit den Banken und Ämtern zu vermeiden. Dennoch passiert dies leider, aber daran haben wir uns bereits gewöhnt.
Es gibt immer unvorhersehbare Situationen, und jedes Mal ist es sehr schwierig, ein mehr oder weniger finanzielles Gleichgewicht zu finden. Ich habe den Eindruck, dass wir zwei Schritte vorwärts machen, nur um einen zurück geworfen zu werden.
Ein Beispiel dazu:
Ein Fehler in der Gehaltsabrechnung hat dazu geführt, dass mir 300€ Gehalt zu wenig ausgezahlt wurden. Dieser Betrag wurde mir zwar im nächsten Monat zusätzlich zum Gehalt gezahlt, hat uns für ein paar Monate aber völlig aus der Bahn geworfen. Für Andere ist das nur ein Abendessen mit Freunden oder eine Shoppingtour weniger.
Wir müssen uns ständig etwas vorenthalten, um uns etwas Anderes leisten zu können, und das obwohl wir durch Vollzeitarbeit unseren Teil und damit auch einen Dienst an unserer Gesellschaft leisten. Noch schlimmer ist es, wenn man Kinder hat, denn um ihnen eine kleine Freude zu bereiten oder eine außerschulische Aktivität zu erlauben, müssen wir dazu erst unsere Konten

akribisch prüfen.

Wir arbeiten, um zu überleben und nicht, um das Leben zu genießen. Wir Leben also, um zu arbeiten.

Wenn man nicht Eltern hat, die einem unter die Arme greifen, um ein Studium zu finanzieren oder vergleichbare, für den Arbeitsmarkt wertvolle Diplome zu erlangen, ist es einem schon vorbestimmt sich finanziell durchs Leben kämpfen zu müssen, trotz harter Arbeit. Wir treten in einen Kreislauf ein, aus dem wir selten herauskommen. Wir machen Jobs, bei denen wir etwas mehr als den Mindestlohn verdienen, wenn wir Glück haben. Wir können uns beispielsweise nicht jedes Jahr Ferien leisten, im Gegensatz zu denen, die nicht arbeiten und staatliche Unterstützung erhalten. Hier hört meine Toleranz auf, weil Menschen wie wir, die arbeiten und ihre Verantwortung gegenüber der Gesellschaft übernehmen, keine staatliche Hilfe haben, weil sie die Einkommensgrenzen überschreiten. Ich habe Menschen um mich herum, die trotz guter Gesundheit nicht arbeiten und deshalb keinen Beitrag zur Gesellschaft leisten, die aber dank der Hilfe des Staates allen nötigen Komfort haben, den Menschen, die jeden Tag arbeiten nicht haben. Die CAF(Sozialamt) bietet ihnen jedes Jahr verschiedene Urlaubspakete sowie alle anderen Leistungen an, wie etwa die Wohngeldzulage (APL), um nur einige Beispiele zu nennen. Die medizinische Versorgung ist für diejenigen, die RSA (Hartz IV) erhalten, kostenlos oder fast kostenlos. Wobei Leute wie ich es manchmal nicht wagen zum Arzt zu gehen, weil man bei jedem Arztbesuch 25€ zahlen muss. Wenn das alles ist, was wir bis zum nächsten Gehalt übrig haben, überlegen wir zweimal, bevor wir gehen. Und das obwohl wir alle wissen, dass unser Körper uns mehrere Jahre körperliche Arbeit spüren lässt. Trotzdem gehen wir in diesen Fällen lieber für 25€ einkaufen und ernähren unsere Kinder. Leider gibt es Menschen, die sich in einer noch schlimmeren Situation befinden und ihre Kinder kaum ernähren können.

Absolut inakzeptabel sind meiner Meinung nach Langzeitarbeitslose wie es in Frankreich der Fall ist. Mit einem Arbeitslosengeld von nur 200€ bis 300€ weniger als ihr letzter Lohn und dazu noch staatlicher Unterstützung sehen sie nicht die Notwendigkeit, etwas zu ändern und führen ein komfortables Leben auf dem Rücken jener Menschen, die ihn sich bei der Arbeit brechen und Steuern zahlen.

Da es fast unmöglich ist genug Geld zu sparen, um ein Auto zu reparieren, eine Waschmaschine, einen Fernseher oder Ähnliches zu kaufen, nehmen wir Kredite auf, die wir nur mühsam abzahlen können. Es ist ein Teufelskreis und eine Ungerechtigkeit, die es heutzutage nicht mehr geben sollte. Wenn wir dieses System nicht ändern, wird die Gesellschaft nicht in der Lage sein, voranzuschreiten. Die Ungerechtigkeiten häufen sich und die allgemeine Depression nimmt ständig zu.

Die Menschen haben Angst davor, das Wenige, das sie haben, zu verlieren. Sie wagen es nicht, den Politikern zu verstehen zu geben, dass wir es leid sind immer mit einem Minimum zu leben. Ich verstehe nicht, dass nur wenige es wagen sich gegen Gesetze und Reformen zu mobilisieren, die uns einschränken und das Leben schwer machen. Für einen Fußballsieg allerdings, gehen Millionen auf die Straße. Wir haben Schwierigkeiten, über die Runden zu kommen. Wir können unseren Kindern nicht viel bieten. Aber für Fußballspiele können wir uns alle mobilisieren? Vielleicht weil niemand sich vorstellen kann, dass es eine Lösung gibt. Eine Lösung, die machbar und von Vorteil für alle ist. Was mich schockiert ist die Tatsache, dass viele

Menschen davon überzeugt sind, dass wir es nicht besser verdient haben. Hier ein Beispiel für die Bemerkungen, die meine Bekannten mir gemacht haben, nachdem ich ihnen die Idee für dieses Projekt vorgestellt hatte. Sie alle sagten ausnahmslos: „Es wäre nicht fair, ein so hohes Grundgehalt, wie du es vorschlägst an Leute zu vergeben die keine Abschlüsse haben." Als ich sie nach dem Grund fragte waren sie alle der Meinung, ein höherer Abschluss müsse auch einen höheren Lohn verdienen.

Wir wagen es zwar nicht auszusprechen, aber wir könnten denken, dass wir aufgrund der unterschiedlichen Löhne und der Art zu leben zweitrangige Menschen sind. Achtung, ich habe nichts gegen Intellektuelle. Wir brauchen Leute, die die Schulbank drücken wollen und höhere Ambitionen haben. Aber wir müssen auch anerkennen, dass wir auch Menschen brauchen, die manuelle oder körperliche Arbeit leisten. Ohne diejenigen die die manuelle Arbeit leisten würden die Geschulten auch nicht weit kommen.

Jeder Mensch der arbeitet, leistet auch einen Dienst an der Gesellschaft.

Um ein angenehmes Leben führen zu können, muss jeder die Gelegenheit haben, einen Job ausüben zu können und einen fairen Lohn dafür zu bekommen.

Die vollbrachte Arbeitszeit und die geleistete Arbeit sollte im Vordergrund stehen und nicht nur die Diplome.

Also fragte ich meine Freunde: „Wenn ich richtig verstehe, denkt ihr wirklich, dass eine Putzfrau, die 7 Stunden am Tag und das 5 Tage die Woche lang, die Toiletten in einem großen Einkaufszentrum putzt, keine bessere Bezahlung verdient als den Mindestlohn? Auf der anderen Seite verdient aber jemand ein viel bequemeres Gehalt als die Putzfrau, der die Möglichkeit hatte zu studieren oder zumindest einen Schulabschluss in der Hand zu haben, der es schafft eine Position in einem klimatisierten gut beheizten Büro zu besetzen und keine vor Schweiß dampfende Arbeitskleidung tragen muss, weil sie nie schmutzig wird?"

Seltsamerweise mussten meine Freunde nachdenken bevor sie antworteten und wussten nicht wirklich was sie sagen sollten außer: „Tja, die Welt ist halt so, was willst du machen?"

Es ist schon seit Jahrhunderten so, dass die Gesellschaft nach diesem Muster funktioniert. Diejenigen, die einen geistig fordernden Job machen, wurden in den Augen der Gesellschaft immer besser gesehen und bezahlt als diejenigen, die manuelle Arbeit leisten. Da diese Ungerechtigkeit schon zu lange andauert, ist es höchste Zeit, die Organisation unserer Gesellschaft zu ändern, um eine faire und gerechte Gesellschaftsordnung herzustellen. In Gesprächen mit meinem Vater erklärte er mir, dass es eine Lösung für unsere Probleme gibt: Ein bedingungsloses Grundeinkommen für alle die arbeiten, ihren Beitrag und damit auch einen Dienst an der Gesellschaft leisten.

Zur Vorstellung des Projekts:

Ich werde es nicht als bedingungsloses Grundeinkommen bezeichnen, sondern als gerechtes Grundeinkommen. Bedingungslos ist an der Stelle unpräzise, weil es eine einzige Bedingung gibt. Menschen, die arbeiten wollen, sollten die Möglichkeit haben, einen Job zu finden. Jeder Mitarbeiter sollte ein faires und würdiges Grundgehalt erhalten, unabhängig von seiner Qualifikation oder Position. Allein deshalb, weil jeder Job und jede geleistete Arbeit wichtig ist für die Gesellschaft. Aber das Wichtigste ist, dass Menschen unabhängig vom Bildungsgrad gerecht bezahlt werden. Vorausgesetzt sie arbeiten mindestens 35 Stunden pro Woche und tragen damit ihren Teil zur Gesellschaft bei. Dieses Projekt ist zu 100% umsetzbar und mit der Unterstützung und Entschlossenheit der Menschen wird die Politik keine Ausreden mehr haben, es nicht umzusetzen. Sofern die Politiker wirklich die Interessen des Volkes verteidigen, sollte es bei der Umsetzung keinerlei Hürden geben.
Alle Bürger, die mindestens 35 Stunden pro Woche arbeiten, sollten eine Vergütung

bekommen welche es ihnen ermöglicht, ein Leben zu führen, das diesen Namen verdient. Sie sollten in der Lage sein alle Rechnungen zu bezahlen ohne ihr Konto überziehen zu müssen, sich ein sicheres Auto kaufen können ohne jahrelang verschuldet zu sein. Das sind nur Beispiele die eine Selbstverständlichkeit sein sollten für Menschen die arbeiten. Leider ist das nicht der Fall.

Das Projekt

Verschiedene Ansätze zur Verbesserung der Situation der Gesellschaft wurden bereits thematisiert, wie z.B. die Abschaffung des Kapitalismus. Die größte Angst vor der Abschaffung des Kapitalismus ist die Frage, was als nächstes kommt. Kommunismus oder schlimmer? Unser Vorschlag ist eine neue soziale Organisation, die auf einem gerechten Grundeinkommen basiert. Das bedingungslose Grundeinkommen für alle wurde bereits von diversen Experten erwähnt bzw. vorgeschlagen. Manche Modelle gehen sogar so weit, dass sie ein bedingungsloses Grundeinkommen von Geburt an verlangen. Das große Risiko bei dieser Idee ist, dass Kinder nur dazu gezeugt würden, um mehr Einkommen zu bekommen. Eine genaue Erläuterung der verschiedenen Modelle ist durch eine kurze Google-Recherche zu finden.
Die Frage ist also: Könnte die Umsetzung dieser Idee wirklich unsere gegenwärtigen Probleme lösen? Die Antwort ist ja, aber sie muss korrekt umgesetzt werden.
Unser Vorschlag besteht aus zwei Punkten und dafür muss der Kapitalismus nicht abgeschafft und auch kein zusätzlicher Euro an Steuer

gezahlt werden. Es kann in allen Ländern der Welt eingeführt werden, ganz gleich des Regierungssystems. Es ist nicht nur ein Vorteil für die Bürger, sondern auch für die Umwelt. Bis jetzt ist noch kein gut durchdachter Ansatz gefunden worden, welcher Vorteilhaft und auch umsetzbar ist.

Wir müssen allerdings zuerst einige Probleme der heutigen Gesellschaft lösen um eine zukünftige gerechte Gesellschaftsordnung herstellen zu können. Arbeitslosigkeit und Umweltverschmutzung sind zwei davon. Dies sind zwei Beispiele, mit denen ein Anfang gemacht werden kann und deren Lösungen die Voraussetzung ist, um andere soziale Probleme langfristig zu lösen.

Arbeitslosigkeit

Die Arbeitslosigkeit liegt unter anderem - aber in erster Linie - am Mangel an Arbeitsplätzen für all diejenigen, die arbeiten wollen und dadurch ihren Beitrag zur Gesellschaft leisten wollen. Meistens gibt es kein Arbeitsangebot in ihrem Sektor oder ihrer Branche oder aber sie besitzen keine ausreichende Qualifikation für den gewünschten bzw. einen alternativen gleichwertigen Job.

Um die Arbeitslosigkeit vollständig zu beseitigen gibt es zwei Faktoren:

1. Die Arbeit die vorhanden ist muss an diejenigen verteilt werden, die arbeiten wollen. Das bedeutet, dass Stellen wieder vorwiegend von Menschen anstatt Maschinen besetzt werden sollten.
2. Die Regierung des Landes soll jedem Bürger der arbeiten will, einen Arbeitsplatz anbieten und ihm als Gegenleistung ein gerechtes

Grundeinkommen sichern. Der Staat sollte den Arbeitslosen beispielsweise drei Arbeitsplätze anbieten können. Davon kann dann einer gewählt werden. Dies kann vollständig oder auch nur teilweise durch ein Grundeinkommen finanziert werden. Um Ungerechtigkeiten zu vermeiden und einen deutlichen Unterschied zu erlauben, sollte die Entlohnung deutlich über dem Mindestlohn und den heutigen Existenzkosten liegen. Es muss ein deutlicher Unterschied gemacht werden zwischen der Grundabsicherung für diejenigen, die nicht arbeiten wollen und diejenigen, die durch Arbeit einen Dienst an der Gesellschaft leisten. Ausgenommen davon sind natürlich Ausfallzeiten und Arbeitsunfähigkeit, wie beispielsweise Elternzeit, Krankheit etc.

Ein Szenario zur Veranschaulichung:

Das monatliche Grundeinkommen belaufe sich auf 1800€ bis 2000€ netto(das ist nur ein Beispiel). Der tatsächliche Betrag muss erst durch entsprechende Expertenanalysen gefunden werden und wird für jedes Land unter den jeweiligen ökonomischen Umständen variieren. All diejenigen, die mindestens 35 Stunden pro Woche ihren Dienst an der Gesellschaft leisten, würden auf das Grundeinkommen aufgestockt werden. Alle anderen, die bereits mehr verdienen, haben keinen Vor- oder Nachteil durch das Grundeinkommen.

Um diese Idee zu verwirklichen, ist es nicht notwendig höhere Gehälter zu kürzen. Es geht

einzig und allein darum, diejenigen gerecht zu entlohnen, die arbeiten und es ebenfalls verdienen würdig zu leben.
Es ist nur ein kleiner Schritt vom gegenwärtigen Mindestlohn zu einem gerechten Grundeinkommen. Jeder Finanzexperte sowie viele der Geschätsführer der Top 50 global agierenden Unternehmen kann dies bestätigen.

Umweltverschmutzung

Also: die Verschmutzung der Natur durch industrielle Abfälle, Autos, Abgase, die Verschmutzung der Weltmeere und der Luft durch den Menschen. Diese Verschmutzung könnte stellenweise stark reduziert werden durch das Schaffen von neuen Arbeitsplätzen in diesen Bereichen. Vorab muss aber klargestellt werden: Wir müssen ganz klar zwischen Umweltverschmutzung und Klimawandel unterscheiden. Das Eine bedingt nicht zwingend das Andere. Während die Umweltverschmutzung ein rein vom Menschen geschaffenes Problem ist, ist die globale Erwärmung ein natürlicher und unaufhaltsamer Prozess, der vor ca. 20.000 Jahren begonnen hat. Eine Vermischung dieser Begriffe macht dieses Problem unlösbar. Mag sein, dass der Mensch es beschleunigt aber aufhalten ist unmöglich.

Da der Umweltschutz mit ausreichend gewinnbringenden Tätigkeiten verbunden ist, wurde er bisher vernachlässigt.
Die Umsetzung dieses Projekts würde enorme Arbeitskräfte freisetzen, die zur Bekämpfung der Umweltverschmutzung nötig wären. Diese

Arbeitsplätze könnten durch den Staat geschaffen werden. Dazu könnten beispielsweise die Säuberung der Städte, Müll sammeln, Müll entsorgen, Restauration der Grünflächen, Meere säubern oder ähnliche Tätigkeiten zählen.

Die Möglichkeiten sind grenzenlos. Es könnte noch stärker an Forschungsinstituten entwickelt werden, um an der alternativen Nutzung der Ressourcen und Energien zu forschen. Möglicherweise wird eine Lösung für den stetig steigenden Energiebedarf der Gesellschaft der Zukunft gefunden.

Ausführung

Ein gerechtes Grundeinkommen zwischen 1800€ und 2000€ netto pro Monat für eine Vollzeit-Stelle mit mindestens 35 Stunden pro Woche würde nicht nur Angestellten, sondern auch ihren Familien eine gute Lebensqualität ermöglichen. Für die Verwirklichung dieser Idee ist es notwendig, dass die Regierung jedes Landes die besten Köpfe bzw. die jeweiligen Finanzexperten und Vertreter der Ministerien, Arbeitgeberverbände, Gewerkschaften, Wissenschaft, Ökologie - mit anderen Worten, Vertreter aller Organisationen, welche für dieses Projekt benötigt werden - versammelt. Vereint an einem Tisch sollen sie an einem Programm zur Umsetzung dieser Idee arbeiten. In einigen Ländern wie z.B. Frankreich oder Kanada könnte dieses System sofort umgesetzt werden ohne Verluste. In anderen Ländern gibt es gegebenenfalls Gesetze, die zuerst angepasst werden müssen, bevor ein gerechtes Grundeinkommen eingeführt werden kann. Ein kritischer Faktor sind die

Einwanderungsgesetze. In Frankreich und Kanada ist die Einwanderung stark reguliert. Dies wird in Deutschland nicht genau so streng gehandhabt. Es wäre eine wirtschaftliche Katastrophe ein solches Grundeinkommen heute einzuführen. Die momentanen Zuwanderungsströme machen dies unmöglich.

Beginnen wir mit einem Experiment

Um einen ersten Schritt zu machen, schlage ich ein Experiment vor. Der Anfang kann von großen, mittleren und auch kleinen Unternehmen gemacht werden. Vor allem aber von solchen Unternehmen, deren Existenz aus wirtschaftlichen Gründen gefährdet ist und die sich freiwillig für dieses Experiment bereit erklären.
Kein Mensch soll oder muss zu irgendetwas gezwungen werden. Jeder Mensch soll die Freiheit haben diesem Projekt beizutreten oder eben nicht.
Sie könnten mit Hilfe des Staates beginnen, an alle Vollzeit- Angestellten die den Mindestlohn verdienen, ein gerechtes Grundeinkommen zu bezahlen. Der Betrag muss gut durchdacht sein, deutlich über dem aktuellen Mindestlohn liegen,

weil dieser nicht zum leben reicht, vor allem aber über der Grundsicherung derer, die nicht arbeiten wollen. In diesem Beispiel nehmen wir die 1800€ bis 2000€ netto. Dies würde bereits den notwendigen Unterschied machen und schließlich allen, die einen Dienst an der

Gesellschaft leisten, ein angenehmes Leben ermöglichen. Es gibt sicherlich viele Unternehmen, die es vorziehen würden, dieses Projekt durchzuführen, anstatt ihre Produktion ins Ausland verlegen zu müssen, um zu überleben. Es gibt genug Menschen die arbeiten wollen und durch ihre geleistet Arbeit der Firma die nötige Unterstützung gegeben können damit die Firma überleben kann. Das alles kann durch ein gerechtes Grundeinkommen finanziert werden damit Unternehmen weiterhin wirtschaftlich bleiben und agieren können. Nur so können die Arbeitsplätze auch bewahrt bzw. sogar geschaffen werden.
Bei einem gerechten Grundeinkommen zahlt nicht mehr der Arbeitgeber den Arbeitnehmern ihr Gehalt, sondern der Staat.

Ich sehe zwei Möglichkeiten:
1. Die Experten, die für die Durchführung dieses Projekts herangezogen werden, entscheiden über einen Betrag für die Sozialabgaben des Unternehmens an den Staat. Der Staat nutzt diese Abgaben, wenn auch nur teilweise, um den Arbeitnehmern das Grundeinkommen zu bezahlen. In den Sozialabgaben der Unternehmen sind bereits alle Steuer und

Versicherungsabgaben enthalten, sodass keine weiteren Abzüge auf das erhaltene Einkommen des Arbeitnehmers kommen.
2. Alternativ wäre denkbar, dass alle Gewinne eines Unternehmens direkt an den Staat gezahlt werden. Die verantwortliche Organisation berechnet alle Abzüge des Unternehmens und seiner Mitarbeiter und zahlt den Nettogewinn an das Unternehmen zurück, sowie das Einkommen an die Mitarbeiter.

Welche dieser Möglichkeiten auch immer angewendet wird, ein Kontrollsystem ist notwendig und unausweichlich für den reibungslosen Ablauf des Projekts. Unternehmen müssen dem Staat vertrauen und der Staat muss vertrauenswürdig sein.

Die Vorteile

Der Nutzen einer solchen Reform wäre:
- Eine bessere Lebensqualität für alle Arbeiter und ihre Familien. Eltern, die Vollzeit arbeiten, aber selten genug Geld haben, um über den Monat zu kommen, können endlich durchatmen.- Mit einem gerechten Grundeinkommen
wären viele Menschen nicht in finanziellen Schwierigkeiten, wie es momentan der Fall ist.
- Es ist letztlich eine Politik für alle Bürger eines Landes und nicht nur für bestimmte Gruppen der Gesellschaft.
- Eltern werden endlich die Möglichkeit haben, ihren Kindern ein Vorbild zu sein. Kinder können dadurch auch stolz auf ihre Eltern aufblicken denn sie leisten einen Dienst an der Gesellschaft.
- Auswanderung aus wirtschaftlichen Gründen würde vermieden werden, wenn jedes Land diese Gesellschaftsordnung einführt.
- Alle Bürger könnten finanzielle Sicherheit genießen und wären nicht gezwungen ihre Kinder zu verlassen für Arbeit und Geld im Ausland.

- Die Kaufkraft würde steigen und damit die Wirtschaft angekurbelt.

Es gibt viele andere Vorteile, die hier nicht aufgeführt sind. Die Arbeit und der Gedankenaustausch über die Realisierung dieses Projekts werden unweigerlich andere Fragen aufwerfen. Diese müssen kontinuierlich thematisiert und beantwortet werden, um nach und nach dem Ziel näher zu kommen: eine Verbesserung der Lebensqualität für die gesamte Gesellschaft.

Wer weiß, vielleicht wird eines Tages das gerechte Grundeinkommen für eine 35 Stunden Woche in die Menschenrechtserklärung eingehen.

Für meine Kinder in erster Linie.

Vielen Dank an meinen Mann, der mich jedes Mal unterstützt, wenn ich originelle Ideen habe.

Vielen Dank an meinen Vater, ohne dich wäre dieses Buch nie zustande gekommen.

Danke an meine Familie, die immer für mich da ist, ich liebe Euch.

Danke an meine Freundinnen, die starke und beeindruckende Frauen sind, unschlagbare Heldinnen. Ihr seid die Besten.

www.ingramcontent.com/pod-product-compliance
Lightning Source LLC
Chambersburg PA
CBHW031518210526
45464CB00007B/2970